Remote Desktop Protocol. Grundlagen, Sicherheit und RDP-Replay-Attacken

Marc Kasberger

Bibliografische Information der Deutschen Nationalbibliothek:

Die Deutsche Nationalbibliothek verzeichnet diese Publikation in der Deutschen Nationalbibliografie; detaillierte bibliografische Daten sind im Internet über http://dnb.d-nb.de abrufbar.

ISBN: 9783346275646
Dieses Buch ist auch als E-Book erhältlich.

Hochschule Albstadt-Sigmaringen

Fakultät für Informatik

Studiengang
Master of Science Digitale Forensik

Thema: M108 - Hausarbeit zu T2: Remote Desktop Protocol - RDP

Autor: Marc Kasberger

Version vom: 5. Juli 2020

Inhaltsverzeichnis

Abbildungsverzeichnis

Abkürzungsverzeichnis

AVI .... Audio Video Interleave
CredSSP ...... Credential Security Support Provider
DoS .... Denial of Service
DPAPI .... Data Protection Applicaion Programmers Interface
FIPS .... Federal Information Security Management Act
HKLM .... Hive Key Local Machine
ICMP .... Internet Control Message Protocol
IoT .... Internet of Things
IP .... Internet Protocol
IPX .... Internetwork Packet Exchange
ISDN .... Integrated Services Digital Network
ISO .... International Standardization Organization
MSRDC ...... Microsoft Remote Desktop Client
NAS .... Network Attached Storage
NAT .... Network Adress Translation
NetBIOS ..... Network Basic Input Output System
NSE .... Nmap Scripting Environment
OSI .... Open Systems Interconnection
RC4 .... Ron's Code 4, RSA Security Corp.
RDP .... Remote Desktop Protocol
RDS .... Remote Desktop Services
RDSTLS ..... Remote Desktop Authentication via TLS
RDU .... Remote Desktop Unterstützung
RFB .... Remote Framebuffer Protocol
SaaS .... Software as a Service
TCP .... Transfer Control Protocol
TLS .... Transport Layer Security
VDI .... Virtual Desktop Infrastructure
vGPU .... virtual Graphic Processing Unit
VNC .... Virtual Network Computing
VPN .... Virtual Private Network
WAN .... Wide Area Network

1 Theorieteil: Remote Desktop Protocol - RDP

1.1 Motivation und Zielrichtung

Diese Abhandlung widmet sich in Form einer Hausarbeit einer Einführung in das Remote Desktop Protocol (RDP), welches vornehmlich dem Fernzugriff auf entfernte Server
und virtuelle Maschinen dient. Betrachtet wird insbesondere die Sicherheitsarchitektur
des Protokolls sowie die Durchführung einer Erprobung einfacher Angriffsmöglichkei-
ten, um als 'Außenstehender' Daten mitlesen und Nutzeraktionen so aufzuzeichnen,
um sie später videographisch wiederzugeben zu können.

1.2 Einleitung Remote Access und Cloud Computing

Seit Anbeginn der Vernetzung ist ein wesentlicher Aspekt der Zentralisierung von IT-
Rescourcen, dass ein Anwender sich nicht physisch am Ort der maximalen Rechenleistung einfinden muss, sondern von einem beliebigen Terminal so auf einen Server
zugreifen kann, als wäre der Nutzer direkt dort. Dies funktioniert seit jeher weltweit,
sofern die Bandbreiten und Latenzen für den jeweiligen Anwendungszweck ausreichend
bemessen sind.

Nach erheblichen Steigerungen der Rechenleistungen von Workstations, hinein bis ins
Wohnzimmer der Konsumenten, lenken in der letzten Zeit ökologische Aspekte wie
auch ökonomische Faktoren den Blick wieder auf serverbasierte Lösungen. Sogenannte
Clouds sind zu einem der Modeworte in der IT der 2000er Jahre geworden und in der
Rückschau kann man behaupten, dass Clouds nun auch endlich heute in der Praxis an-
gekommen sind[11]. Durch die höhere Anzahl der Geräte pro Endnutzer steigt bis heute
der Wunsch nach zentralen Speicher- und Abrufmöglichkeiten weiter an, die mit hoher
Verfügbarkeit einen Zugriff durch Clients bis hin zum Smartphone fast alle Anwen-
dungszwecke abdecken: Multimedia-Speicher, Gaming, Software-as-a-Service (SaaS),
Network Attached Storage (NAS) und viele weitere Möglichkeiten. Sogar grafiklastige
klassische Consumer-Anwendungen wie PC-Spiele wandern nun auf hochperformante
virtualisierte Umgebungen in der Cloud[12].

Nicht zuletzt durch die weite Durchdringung der Bevölkerung mit IT-Endanwender–
Produkten im Privat- und die heute als Standard anzusehende serverbasierte Virtua-
lisierung von Maschinen im Businessbereich und der damit einhergehenden steigenden
Komplexität dieser Geräte und Netze, wurde auch ein ortsunabhängiger Service &

---

[11]vgl. *Computerwoche. Cloud Computing sucht nach Nutzern.*
    <hhttps://www.computerwoche.de/a/cloud-computing-sucht-nach-nutzern,1877988/>
    [abgerufen: 5. Juli 2020]
[12]vgl. *Cloudwards. The Best Cloud Gaming Services of 2020: Wave of the Future.*
    <https://www.cloudwards.net/top-five-cloud-services-for-gamers/> [abgerufen: 5. Juli 2020]

Support immer wichtiger. Global-Player wie die Firma Microsoft lagerten einen nicht unerheblichen Teil dieser Dienstleistungen nach Asien aus[13]. So habe man schon vor über 10 Jahren mehr als 40% der IT-Unternehmensprozesse nach Indien ausgelagert, vor allem aus Kostengründen. Ein IT-Softwareingenieur in Indien kostete demzufolge rund 80% weniger als vergleichbar ausgebildete Fachkräfte im Westen[14].

Warum dieser Trend? Was sind die Vorteile von Virtualisierung, SaaS, NAS und den anderen serverbasierten Services (vgl. folgende Tabelle)?

Bereich	Vorteil Virtualisierung/Cloud
Energie	optimale Auslastung der Rechenleistung durch Vielzahl Nutzer
Raum	mehrere virtuelle Maschinen pro Server = weniger Hardware
Skalierbarkeit	Hardwareaufrüstung/-tausch leicht und schnell
Wartbarkeit	zentrale Wartung und einfachere + einheitliche Infrastruktur
Verfügbarkeit	Redundanz und höhere Ausfallsicherheit
Flexibilität	Loadbalancing, Austausch, Testumgebungen ...
Performanz	Optimierungen, Rescourcenzuweisungen, modernere Hardware
Bereitstellung	durch Kopien ganzer Maschinen schnelle Provisionierung
Lebensdauer	Dienste weniger hardwareabhängig und daher länger nutzbar
Unabhängigkeit	Art und Leistungsfähigkeit des Clients weniger relevant
Sicherung	einfache Backups ganzer Maschinen, schneller Restore
Sicherheit	Sicherheitsprobleme bleiben von anderen Maschinen isoliert

Für die vorgenannten Anwendungsbeispiele ist charakteristisch, dass der End-User nicht lokal am Ort der Rechenleistung, sondern mit einem beliebigen Client an einem beliebigen Ort per Netzwerkverbindung auf den Server zugreift. Sobald nicht nur per textbasierter Konsole Befehle abgegeben, sondern auch Zugriffe über eine grafische Oberfläche erfolgen sollen, stellt sich die Frage nach der technischen Basis für diese Übertragung. Hier kommt, zumindest für die Windows-Welt, das weit verbreitete *Remote Desktop Protocol (RDP)* der Softwarefirma Microsoft ins Spiel.

1.3 Was ist RDP?

Das *Remote Desktop Protocol* ist ein proprietäres Netzwerkprotokoll der Microsoft Corporation, Redmond, USA, zum Fernzugriff auf Windows-Rechner. Dadurch ist

---

[13]vgl. *Computerworld. Microsoft signs outsourcing pact with Indian giant Infosys.*
<https://www.computerworld.com/article/2517205/microsoft-signs-outsourcing-pact-with-indian-giant-infosys.html/> [abgerufen: 5. Juli 2020]
[14]vgl. *Indien heute. Die Zukunft des Outsourcing & Offshoring in Indien.*
<https://indienheute.de/die-zukunft-des-outsourcing-offshoring-in-indien/>
[abgerufen: 5. Juli 2020]

die Übertragung von Nutzerinteraktionen durch Peripheriegeräte vom Anwender zum ferngesteuerten Rechner/Server und Darstellung von Bildschirminhalten eines anderen Rechners oder Servers beim Nutzer möglich. In aktuellen Versionen ist zudem eine einfache Nutzung der Rescourcen des Servers im Hinblick auf Datei- und Druckeroperationen, Laufwerke und Austausch mittels Zwischenablage möglich.

Als Netzwerkprotokoll ist es einzuordnen in die Anwendungsschicht gemäß TCP/IP-Referenzmodell bzw. in die Schichten 5 bis 7 des OSI/ISO-Layers[15]. Seit jeher verwendet das Protokoll standardmäßig den TCP-Port 3389, kann aber leicht durch eine Änderung im Registry-Hive HKLM[16] geändert werden[17]. Einen Überblick über den Protocol-Stack gewährt Abbildung 1 . Seit der Version 8.0 des Protokolls ist auch eine Übertragung per UDP-Port[18] 3389 vorgesehen, was sich ebenfalls in der Registry ändern oder auch deaktivieren lässt[19].

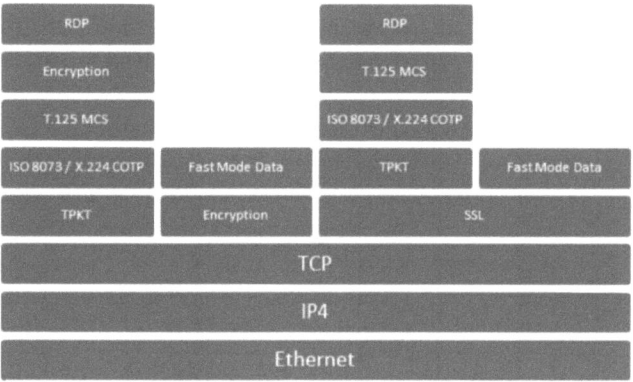

Abbildung 1: Überblick Protocol Stack[20]

1.3.1 Historie von RDP

Microsofts RDP geht auf das T.128 Protokoll der International Telecommunication Union (ITU) zurück, welches mit *Multipoint Application Sharing* überschrieben und Ende der 1990er Jahre veröffentlicht wurde[21].

---

[15]vgl. [RS19] [S. 61ff.]
[16]Hive-Key Local Machine
[17]vgl. *Microsoft Docs. Change the listening port for Remote Desktop on your computer* <https://docs.microsoft.com/en-us/windows-server/remote/remote-desktop-services/clients/change-listening-port> [abgerufen: 5. Juli 2020]
[18]Universal Datagram Protokol
[19]vgl. *Windowspage Tipps. RDP - Verbindung über das UDP-Protokoll deaktivieren* <https://www.windowspage.de/tipps/022363.html> [abgerufen: 5. Juli 2020]
[20]Bildnachweis: [Eli14] [Processing the Data]
[21]vgl. *ITU-T. T.128 : Multipoint application sharing* <https://www.itu.int/rec/T-REC-T.128-199802-S/en> [abgerufen: 5. Juli 2020]

Eingeführt wurde RDP mit der Version 4.0, die in der Windows NT 4.0 Terminal Edition mit Release in 1998 enthalten war. Es folgten weitere Systeme, seit Version 5.1 ist RDP auch Bestandteil der Client-Betriebssysteme ab Windows XP Service-Pack 1. Es folgten weitere Versionen und Erweiterungen, seit Windows 10 Update 1511 ist bis heute die Version 10 von RDP in der Fläche eingesetzt.

Die erste Dokumentation der RDP-Spezifikation in Version 0.01 wurde im Februar 2007 publiziert[22] und wurde bislang bis zur Version 52.0 (März 2020) fortgeschrieben.

1.4 Einsatzmöglichkeiten

Wie in der Einführung angedeutet ist der primäre Einsatzzweck der Fernzugriff via RDP auf Windows-Systeme und -Server, bei der die gesamte grafische Oberfläche, auch Desktop genannt, auf den verbindenden Client angezeigt wird und sich der Zielrechner grundsätzlich so bedienen lässt wie eine lokale Maschine. Es handelt sich hierbei um die von Microsoft als *Remotedesktopverbindung* benannte Funktion, die durch einen verlinkten Aufruf der `%windir%\system32\mstsc.exe` gestartet wird.

Eine weitere Verbindungsart heißt bei Microsoft *Remotedesktopunterstützung (RDU)*, die für Hilfe- und Supportmöglichkeiten geschaffen wurde. Ein Hilfesuchender kann mittels RDU leicht einen RDP-Service starten und die Credentials für die Session auch mittels E-Mail dem Helfenden übermitteln. Dies dient als eine Art 'Einladung' und ermöglicht eine Fernsteuerung ohne nennenswerten Konfigurationsaufwand.

Weniger bekannt ist die Variante, dass statt des Desktops lediglich einzelne Anwendungen auf den Client-Desktop projiziert werden um parzielle Rescourcen des Servers zu nutzen[23]. Die Server-Anwendungen sind also in den lokalen Desktop integriert und als solches kaum zu erkennen. Nur am Task- bzw. Programmicon entdeckt man das RDP-Symbol (weißer Kreis mit grünen entgegengesetzten spitzen Klammern).

In der Praxis ist der Trend erkennbar, dass gerade im Businessbereich immer mehr auf Remote-Einsatz umgestellt wird und somit die Client-Workstations im stationären, wie auch im mobilen Bereich, durch schwach ausgestattete Hardware nur noch de facto als Display für die Server-Anwendung dienen und so die Vorteile von Virtualisierung und Zentralisierung ausgespielt werden (vgl. auch Abschnitt 1.2). Sofern mehrere Virtualisierungen für eine Multi-User Umgebung vorhanden sind, spricht man auch von einer *Virtual Desktop Infrastructure (VDI)*. Von den marktgewichtigen VDI setzen

---

[22]vgl. [Mic20] [S. 2]
[23]Siering, Peter in c't 20/2012, Magazin für Computertechnik, Heise Zeitschriftenverlag. Desktopverlängerung - Einzelne Anwendungen per RDP steuern

Windows Azure, Amazon EC2 sowie VMware auf RDP[24].

1.4.1 Voraussetzungen für Remote Desktop Services

Für die Nutzung der Remote-Desktop-Services (RDS) reicht ein aktuelles Microsoft Betriebssystem in einer für den Unternehmenseinsatz gedachten Version. Alle Home-Versionen scheiden daher aus. Ausgewiesen werden als unterstützte Konfigurationen für Remotedesktop-Clients die Windows-Versionen ab Windows 7 Professional, Enterprise und Ultimate sowie die Server-Pendants ab Windows Server und Small Business Server 2008. Einen kompakten aber vollständigen Überblick erhält man in der Microsoft Dokumentation[25]. Sofern lediglich eine Windows-Home-Edition vorliegt, können RDS dank Open-Source Projekten wie *RDP-Wrapper* ähnliche Funktionalitäten bieten[26].

Die RDS funktionieren in Standardkonfiguration nur innerhalb eines Netzwerks. Für WAN-Verbindungen[27] arbeitet man nicht zuletzt aus Sicherheitsgründen im Enterprise Umfeld mit verschlüsselten VPN-Connections[28]. Technisch ausreichend wäre jedoch auch die Einrichtung eines Remotedesktop-Gateways oder ein Server mit dem sogenannten *WebAccess*. Diese Funktionalitäten sind ab Windows Server 2008 inkludiert. Es geht im Kern im Standard-Szenario um die Frage des Tunnelings zwischen den beiden Netzen über das Internet (vgl. Abbildung 2).

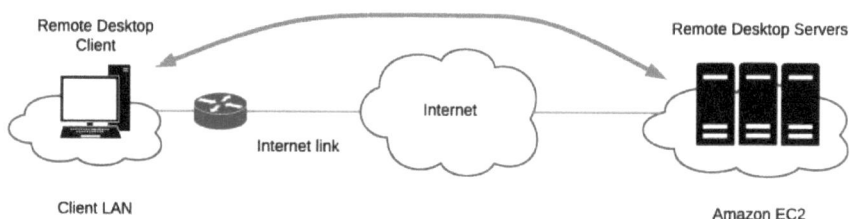

Abbildung 2: Standard-Szenario bei VDI[29]

Darüber hinaus gibt es von Mircosoft bereitgestellte Apps und Clients (Microsoft Remote Desktop Client, MSRDC) für zahlreiche Plattformen. Neben dem Standard-MSRDC wird ein zusätzlicher Client im App-Format auch im Microsoft App-Store bereitgestellt. Für Apple-Geräte existiert ein RDC für MacOS X. Um unterwegs mobil

---

[24]vgl. [MSDI19] [S. 5]
[25]vgl. *Microsoft Docs. Remotedesktopclient: unterstützte Konfiguration (vom 05.06.2018)*
<https://docs.microsoft.com/de-de/windows-server/remote/remote-desktop-services/clients/remote-desktop-supported-config> [abgerufen: 5. Juli 2020]
[26]vgl. *RDP Wrapper Library by Stas'M auf github*
<https://github.com/stascorp/rdpwrap> [abgerufen: 5. Juli 2020]
[27]Wide Area Network, bspw. über Internetverbindungen
[28]Virtual Privat Network
[29]Bildnachweis: [MSDI19] [S. 6]

per RDP verbinden zu können, sind auch originäre Clients für Android und iOS verfügbar[30].

Daneben sind zahlreiche weitere Clients auf dem Markt und unterstützen nahezu jede erdenkliche Plattform, von Linux über FreeBSD, AmigaOS bis zu portablen Java-Produkten.

1.4.2 Limitierungen des Protokolls

Neben Sicherheitsaspekten (vgl. Abschnitt 1.7.1) sind auf der Nachteilsseite bis heute Defizite bei der Übertragung von Videos und bewegten Bildern zu verzeichnen. Zwar sind seit Version 7.1 mit der Einführung der Erweiterung *RemoteFX* (seit Windows 7 Service Pack 1 und Windows Server 2008 R2 SP1 in 2010) erhebliche Verbesserungen durch (Hardware-)Grafikbeschleunigung erreicht worden, jedoch ist diesbezüglich die Konkurrenz doch vorausgeeilt.

Bei der Verwendung von RDP auf Windows Desktop Betriebssystemen hat Microsoft eine künstliche Grenze eingezogen. Gleichzeitiger Zugriff mehrerer Nutzer auf einen Rechner per RDS ist nur den Server-Versionen vorbehalten (mit der Rolle Remote Desktop Services)[31].

Nicht zuletzt aufgrund der aufgezählten Limitierungen nimmt RDP bei der Verbreitung lediglich einen Anteil von weniger als 5% ein[32] und verschwindet in der Marktbedeutung hinter bspw. Citrix[33], die rund 50% Durchdringung aufweisen.

1.4.3 Alternativen zu RDP

Es gibt zahlreiche weitere Ansätze und Systeme für Fernwartungen und Remote-Zugriff, hier ist eine gewisse Diversität über die Jahre gewachsen. Neben RDP ist das VNC-Protokoll[34] bei den klassischen Protokollen mit am weitesten verbreitet. Hier ist im Gegensatz zu RDP auch standardmäßig 'Screen-Sharing' möglich, bei dem der Desktop-Inhalt gespiegelt wird und somit Remote-Support geleistet werden kann (vgl. Abschnitt 1.4.2). Das VNC-Protokoll basiert auf dem RFB-Protokoll[35] und ist, da seit 1998 Open-Source, bereits mehrfach 'geforked' worden.

---

[30]vgl. *Microsoft Docs. Remotedesktopclients*
    <https://docs.microsoft.com/en-us/windows-server/remote/remote-desktop-services/clients/remote-desktop-clients> [abgerufen: 5. Juli 2020]
[31]Mahn, Jan in c't 2/2019, Magazin für Computertechnik, Heise Zeitschriftenverlag. Ferne Fenster Remotedesktopverbindung: Der praktische Fernzugriff auf Windows 10
[32]vgl. [MSDI19] [S. 2]
[33]Produkt der Citrix Systems Inc.
    <https://www.citrix.com/de-de/> [abgerufen: 5. Juli 2020]
[34]Virtual Network Computing
[35]Remote Framebuffer Protocol

Eine deutsche Firma hat 2005 einen Exportschlager auf den Markt gebracht, der in starker Konkurrenz zu den Fernwartungssuiten steht: Die Teamviewer AG verzeichnet bei der gleichnamigen Software mittlerweile über 2 Milliarden Installationen[36] und wartet mit einer leicht zu installierenden und intuitiv zu nutzenden Lösung auf.

Einen Eindruck über die Leistungsfähigkeit und die Unterschiede der gängigen Remote- und Conferencing-Lösungen kann man anhand der Abbildung 3 gewinnen.

	JoinMe	AnyDesk	Chrome RDP	Windows RDP	Ultra VNC	Remote Utilities	Wayk Now	Team Viewer	Connect Wise Control	Lite Manager	Zoho Assist
Drag and Drop		*			✓	✓		✓	*	✓	*
File Transfer	✓	✓		***	✓	✓	✓	✓	*	✓	*
Copy/Paste	**	✓	✓	✓	✓	✓	✓	✓	*	✓	✓
Session Recording	*	✓				✓	*	✓		*	*
Screen Sharing	✓	✓	✓		✓	✓	✓	✓	✓	✓	*
Share Control	✓	✓		✓	✓	✓	✓	✓	✓	✓	✓
Audio Support	*	✓		✓		✓		✓	*	✓	
Audio VoIP	✓			✓ ****				✓	*	*	
Unattended Access	*	✓	✓	✓	✓	✓	*	✓	*	✓	*
Supports Mobile App	✓	✓	✓	✓		✓		✓	✓		*
Portable Version		✓			✓	✓	✓	✓	✓	✓	
Chat Across Computer		✓			✓	✓	✓	✓	*	✓	✓
Clipboard Synchronization		✓			✓	✓	✓	✓	*	✓	
Multi-Monitor Support	✓	✓		✓	✓	✓	✓	✓	*	✓	*

Abbildung 3: Software für Remote-Connections und Screen-Sharing[37]

1.5 Features und Möglichkeiten des RDP-Protokolls

Als Sicherheitsaspekt wurde eine Verschlüsselung implementiert, um eine sichere Kommunikation in Netzwerken zu gewährleisten (vgl. Abschnitt 1.6). Außerdem ist eine vom Nutzer initiierte Trennung der Session nicht notwendig. Wenn ein Nutzer die Verbindung beendet oder ein Fehler zu einem Abbruch führt, so bleibt der Nutzer am Remote-System angemeldet. Es gibt virtuelle Kanäle, die weitere Funktionalitäten speziell für Anwendungen in der Local-Remote-Relation ermöglichen und von Entwicklern aufgegriffen werden können. Sofern das Netzwerk gemanaged ist und ein *Load Balancer* eingesetzt wird, kann RDP die Vorteile bei hohem Netzwerkverkehr ausspielen

---

[36]vgl. *Teamviewer AG. Pressemeldung – 21.06.2019*
<https://www.teamviewer.com/de/unternehmen/presse/teamviewer-zahlt-weltweit-mehr-als-2-milliarden-installationen-auf-geraten/> [abgerufen: 5. Juli 2020]

[37]Bildnachweis: <https://blog.devolutions.net/2019/01/updated-2019-most-popular-free-remote-desktop-solution>

und die Übertragung optimieren. Auch im Hinblick auf Einwähl- und Schmalbandverbindungen adaptiert RDP die Datenübertragung für ein adäquates Nutzer-Erlebnis. Aufgrund des Designs kann RDP sowohl im Hinblick auf die Netzwerkqualität als auch abhängig vom Content des Desktops die Kompression dynamisch anpassen. RDP unterstützt Desktop-Übertragungen bis zu einer Farbtiefe von 24 bit (sog. 'Echtfarben', aktuell bis zu 32 bit). Spezielle Tastenkombinationen (wie STRG-ALT-ENTF) können 'gehooked' werden und im Vollbildmodus automatisch an den Server redirected werden. Dies ist nur ein Auszug der Features, die das Protokoll nach Herstellerangaben bietet[38].

Wenngleich RDP sehr flexibel designed wurde und ein Bündel an Netzwerktopologien und LAN-Protokolle unterstützen könnte (ISDN[39], POTS[40], IPX[41], NetBIOS[42]), wurde seit Anbeginn nur TCP/IP und später seit Version 8.0 UDP implementiert. Aufgrund der Verbreitung der mittlerweile als historisch zu bezeichnenden Protokolle ist bei den genannten davon auszugehen, dass diese auch künftig nicht unterstützt werden[43].

Zukunftsträchtig wurde bereits beim Design eine Multichannel-Architektur mit bis zu 64.000 Kanälen vorgesehen, allerdings werden auch heute noch Nutzereingaben und Bildschirminhalte lediglich auf einem Single-Channel übertragen[44]. Positiv ist aber festzuhalten, dass diese Design-Entscheidung noch Raum für künftige Entwicklungen bietet.

1.6 Implementation von Sicherheitsmaßnahmen im Protokoll

RDP bietet sowhl Standard als auch Erweiterte Sicherheit *(Standard RDP/Enhanced RDP Security)* als Konfigurationselemente in mehreren Stufen an. Bei letzerer ist die Nutzung von externen Sicherheitsprotokollen vorgesehen.

1.6.1 Standard RDP Security

Das Sicherheitsniveau der Standard RDP Security bezieht sich auf den Abgleich der höchst möglichen Schlüssellänge, die von Client und Server bei Verbindungsaufbau ausgehandelt wird. In der Konfiguration des Servers kann so administrativ bestimmt werden, welche Minimalanforderung an die Verbindung gestellt wird, was sich auf die

---

[38]vgl. *Microsoft Docs. Remote Desktop Protocoll: Features*
    <https://docs.microsoft.com/de-de/windows/win32/termserv/remote-desktop-protocol>
    [abgerufen: 5. Juli 2020]
[39]Integrated Systems Device Network
[40]Plain Old Telephone Service
[41]Internetwork Packet Exchange
[42]Network Basic Input Output System
[43]vgl. *Microsoft Docs. Understanding the Remote Desktop Protocol (RDP)*
    <https://support.microsoft.com/en-us/help/186607/understanding-the-remote-desktop-protocol-rdp> [abgerufen: 5. Juli 2020]
[44]vgl. *Microsoft Docs. Understanding the Remote Desktop Protocol (RDP), a.a.O.*

Kompatibilität zu den Client Sicherheitsmöglicheiten auswirkt. Die höchste Stufe (vgl. folgende Tabelle) entspricht dem FIPS-Standard[45] 140-1, der allerdings bereits 2002 durch den Nachfolger FIPS 140-2 abgelöst wurde[46].

Stufe	Schlüssellänge, Verschlüsselungsmethode	Richtung
niedrig	max. Schlüssellänge des Clients	Client Daten
Client kompatibel	max. Schlüssellänge des Clients	bidirektional
hoch	max. Schlüssellänge des Servers	bidirektional
FIPS	FIPS 140-1 Methoden zulässig	bidirektional

Die Standard RDP Security arbeitet mit der Bitstrom-Verschlüsselung des Verfahrens RC4[47], die mit Standardschlüssellängen von 40 und 56bit für heutige Verhältnisse sehr kurz sind und schon länger als unsicher gelten. Microsoft selbst hat daher in einer *Security Advisory* bereits 2013 eine Möglichkeit zur Deaktivierung mit einem Update eingeführt[48]. In der hohen Sicherheitsstufe wird eine 128bit Schlüssellänge genutzt. Bei Verschlüsselung gemäß FIPS wird kein Verfahren vorgeschrieben, sondern die Anforderung an die genutzten Methoden definiert. Microsoft verwendet auf FIPS-Niveau den Algorithmus *TripleDES, 3DES*, der allerdings auch nicht mehr als sicher gilt[49].

1.6.2 Enhanced RDP Security

Sofern im Rahmen der Administration die *Enhanced RDP Security*[50] aktiviert wurde, werden ausschließlich Krypto-Verfahren angewandt, die von Drittanbietern bzw. externen Projekten stammen. Dies hat den Vorteil, dass bei Sicherheitsproblemen und Fehlern in den Verschlüsselungsalgorithmen nicht das RDP-Protokoll angepasst werden muss, sondern Bugfixing durch die einzelnen externen Projekte erfolgt. Ähnlich wie bei Standard RDP Security gibt es auch hier mehrere Sicherheitslevel:

---

[45]FIPS: Federal Information Security Management Act, von US-Behörden auditierte bzw. zugelassene Encryption-Methoden
[46]vgl. *NIST. Security Requirements for Cryptographic Modules*
<https://csrc.nist.gov/publications/detail/fips/140/1/archive/1994-01-11>
[abgerufen: 5. Juli 2020]
[47]Ron's Code 4, Ronald L Rivest von der RSA Security Corp., Boston, MA, USA
[48]vgl. *Microsoft Docs. Microsoft-Sicherheitsempfehlung 2868725, Update zum Deaktivieren von RC4*
<https://docs.microsoft.com/de-de/security-updates/SecurityAdvisories/2013/2868725>
[abgerufen: 5. Juli 2020]
[49]vgl. *heise security. 3DES wird zum Problem für TLS-Verschlüsselung*
<https://www.heise.de/security/meldung/3DES-wird-zum-Problem-fuer-TLS-Verschluesselung-3304994.html> [abgerufen: 5. Juli 2020]
[50]vgl. [Mic20] [5.4 Enhanced Security]

Stufe	Schlüssellänge, Algorithmen	Richtung
Client kompatibel	Aushanldung Server/Client	bidirektional
hoch	min. 128 bit	bidirektional
FIPS	FIPS 140-1: RSA, TripleDES, SHA-1	bidirektional

Bei den Stufen 'hoch' und FIPS sind die Einstellungen restriktiv. Sofern der Client die Mindestanforderungen wie bspw. die Schlüssellänge nicht unterstützt, ist eine Verbindung zum Server nicht möglich. Die Sicherheit steht folglich vor der Kompatibilität. Gemäß der Spezifikationen werden die folgenden externen Sicherheitsprotokolle verwendet: TLS 1.0-1.2[51], CredSSP[52], RDSTLS[53]. Ein immenser Vorteil von Enhanced RDP Security bei der Verwendung von CredSSP ist die Möglichkeit von *Network Level Authentication (NLA)*. Hier findet die Authentifizierung bereits vorher auf Netzwerkebene statt, der RDP-Handshake beginnt erst bei erfolgreicher Verifikation der Credentials. Dies stellt einen wirksamen Schutz gegen *Denial of Service (DoS)* dar, da diese Art von Schutzmaßnahme die Rescourcen des Servers erst nach Login freigibt, also sehr wenig serverbelastend ist. Zusätzlich schützt dieses Verfahren auch vor *Man-in-the-Middle-Angriffen*, die auf die böswillige Gewinnung von Zugangsdaten abzielt.

1.7 Sicherheitsrisiko RDP?

Das Protokoll spielt eine wichtige Rolle bei Cyber-Sicherheitsvorfällen. Nach einer Einschätzung der amerikanischen Bundespolizei FBI ist RDP in 70 bis 80 Prozent aller Einbrüche in Computersysteme mit darauffolgendem Einsatz von Erpressungstrojanern der häufigste Angriffsvektor bei Firmennetzen[54]. Es sind über gängige Suchmaschinen[55] für Server und IoT-Geräte[56] mehr als vier Millionen Server direkt aus dem Internet erreichbar. Dies bietet potenziellen Angreifern eine ganze Bandbreite an Möglichkeiten.

1.7.1 Bekannte Sicherheitslücken und Bugs

Eine bekannte Sicherheitslücke in der jüngeren Vergangenheit ist die *Bluekeep*[57] getaufte CVE-2019-0708[58]. Diese erlaubt *remote code execution* auf dem RDP-Server

---

[51]TLS: Transport Layer Security
[52]CredSSP: Credential Security Support Provider
[53]RDSTLS: Remote Desktop Authentication via TLS
[54]vgl. [Sch20a] [RDP als Einfallstor für Ransomware]
[55]bspw. https://www.shodan.io/
[56]Internet of Things
[57]vgl. *BSI: Windows-Schwachstelle 'Bluekeep': Erneute Warnung vor wurmartigen Angriffen* <https://www.bsi.bund.de/DE/Presse/Pressemitteilungen/Presse2019/Windows-Schwachstelle-Bluekeep_110619.html> [abgerufen: 5. Juli 2020]
[58]Common Vulnerabilities and Exposures, Details vgl. *Vulnerability Details : CVE-2019-0708* <https://www.cvedetails.com/cve/CVE-2019-0708/> [abgerufen: 5. Juli 2020]

und wirkt de facto wie ein 'offenes Scheunentor'. Fatal ist daran, dass gemäß des CVE-Score mit 10.0 von 10 Punkten eine scherwiegende Sicherheitslücke vorliegt, deren Ausnutzung die Übernahme des ganzen (Firmen-)Server ermöglicht. Trotzdem waren in Deutschland lt. CERT-BUND nach rund 10 Monaten noch rund ein Drittel der im Internet erreichbaren Server ungepatcht (vgl. Abbildung 4) und somit ohne großen Aufwand zu übernehmen.

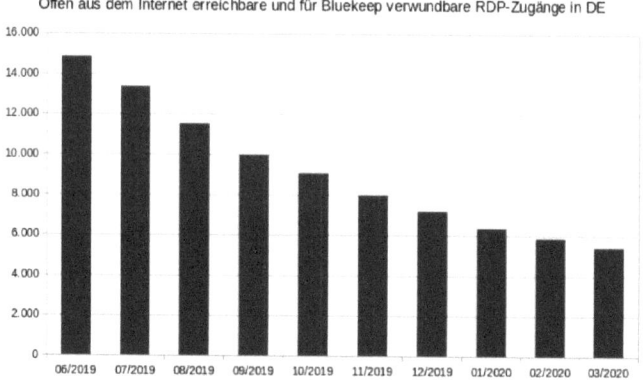

Abbildung 4: CERT-BUND: mit Bluekeep angreifbare RDP-Server in Deutschland[59]

Die CVE-Datenbank von MITRE[60] weist rund 80 Sicherheitslücken auf, die überwiegend geschlossen sein dürften. Viele betreffen Lücken, die für *DoS*-Angriffe ausgenutzt werden können. Es folgen Bugs, die auf *remote code execution* abzielen, ähnlich wie die o.g. *Bluekeep* Lücke.

Neben den mittlerweile überwiegend geschlossenen Sicherheitslücken ist es aufgrund der Konfigurationskomplexität für potenzielle Angreifer einfacher statt auf Sicherheitslücken eher auf Administratonsnachlässigkeiten abzustellen (vgl. Abschnitte 1.7.2 und 1.8).

1.7.2 Best Practice zur RDP Sicherheit

Um attraktive Angriffsvektoren zu eruieren, kann man sich zunächst mit den wichtigsten Sicherheitseinstellungen und Konfigurationen in der Praxis beschäftigen. Und folglich im Umkehrschluss Server auf die Nichteinhaltung dieser 'Best Practices' abklopfen und die Lücken ausnutzen. Da bei der RDP-Administration, wie oft im IT-Umfeld, ein Kompromiss aus Bequemlichkeit und Sicherheit eingegangen wird, ist die Wahrscheinlichkeit nicht gering, zahlreiche Server zu finden, die bei Nutzung von nicht nachhaltig

---

[59]Bildnachweis: <https://twitter.com/certbund/status/1242405372801007616>
[60]vgl. *MITRE - CVE search: RDP*
    <https://cve.mitre.org/cgi-bin/cvekey.cgi?keyword=rdp> [abgerufen: 5. Juli 2020]

modifizierten Standardeinstellungen angreifbar sind.

Ein wesentlicher Beitrag zur Absicherung von RDP ist die Verwendung von VPN-Tunneling, so dass der RDP-Service aus dem Internet nicht direkt erreichbar ist. Scans auf den RDP-Port 3389 sind alltäglich. Die Strategie der Wahl nicht standardisierter Ports ist grundsätzlich nicht zielführend, da ganze Portbereiche gescannt werden. Interessant sind die Erkenntnisse aus dem Einsatz von Honeypots. So wird von einem Versuch der Firma TrustedSec berichtet, bei der innerhalb der ersten 80 Sekunden nach Aktivierung des RDP-Honeypots im Internet bereits der erste Login-Versuch startete. In weniger als zehn Tagen wurden fast 60.000 nichtautorisierte Zugriffsversuche registriert[61], bei der mittels *Brute-Force* die häufigsten Benutzernamen-Kennwort-Relationen durchprobiert wurden.

Die Trennung von administrativen von normalen Accounts auf Ebene der RDP-Ports sowie der Nutzung von Whitelists für Administrator-Zugänge verhindert zumindest eine vollständige Übernahme der Infrastruktur durch Angreifer und steigert den Aufwand bei der Einrichtung nur marginal. Diese und weitere Methoden sind in der Abbildung 5 zusammengefasst.

Obwohl RDP eher im Enterprise-Umfeld zu finden ist und somit professionelle Administratoren im Einsatz sein dürften, sind die häufigsten 15 Passwörter bei kompromittierten RDP-Servern[62]: [no password], 123456, P@ssw0rd, 123, Password1, 1234, password, 1, 12345, Password123, admin, test, test123, Welcome1, und scan. Wörterbuchangriffe können daher mindestens genauso schnell und erfolgreich wie im Consumer-Bereich zum Ziel führen. Komplexe Passwörter sind ein wenig aufwändiger Schritt, um die Sicherheit signifikant zu erhöhen. Und natürlich, um das Akronym RDP nicht scherzhaft mit *Real Dumb Password* auflösen zu müssen.

Alternativ zu VPN kann man auch auf RDP-Gateways setzen, die bei den Server-Versionen von Windows integriert sind (vgl. Abschnitt 1.4.1) und durch dedizierte Authentifizierung, Zertifikatsmanagement und Logging den RDP-Dienst nicht ungeschützt dem Internet exponieren.

Sinnvoll ergänzen lassen sich die bisher dargestellten Schritte mit einer Zwei-Faktor-Authentifizierung, wo allein die Credentials zum erfolgreichen Login nicht mehr ausrei-

---

[61]vgl. *TrustedSec. Adventures of an RDP Honeypot – Part two: Know Your Enemy*
    <https://www.trustedsec.com/blog/adventures-of-an-rdp-honeypot-part-two-know-you-enemy/>
    [abgerufen: 5. Juli 2020]
[62]vgl. *McAfee. The TOP 15 used passwords on vulnerable RDP systems*
    <https://www.mcafee.com/blogs/other-blogs/mcafee-labs/rdp-security-explained/>
    [abgerufen: 5. Juli 2020]
[63]Bildnachweis: <https://www.itmz.uni-rostock.de/anwendungen/software/windows/sicherheit/
    absicherung-von-remotedesktopzugaengen/>

Schutzmaßnahme	Weltweite anonyme Verbindungsaufnahme (z.B. nmap-Scans)	Weltweite Passwortangriffe per RDP	Weltweite administrative Zugriffe per RDP	Weltweite man-in-the-middle Angriffe
Einschränkung der Reichweite des Remotedesktop-TCP-Ports	unterbunden	unterbunden	unterbunden	unterbunden
Härten des RDP-Protokolls	möglich	möglich	möglich	unterbunden
Unterbinden administrativer Anmeldungen per Remotedesktop	möglich	möglich	unterbunden	möglich
Anlegen eines RDP-Ports für administrative Zugange (mit Einschränkung der Reichweite auf vertrauenswürdige IP-Adressen)	unterbunden	unterbunden	unterbunden	unterbunden
Nutzung von IPSec für Verschlüsselung und Integrität	unterbunden	unterbunden	unterbunden	unterbunden
Nutzung von VPN-Servern	unterbunden	möglich, nach erfolgter VPN-Anmeldung	möglich, nach erfolgter VPN-Anmeldung	möglich, nach erfolgter VPN-Anmeldung
Nutzung von Remotedesktop-Gatewayservern	unterbunden	unterbunden	unterbunden	unterbunden

Abbildung 5: Unterbinden von RDP-Angriffsvektoren[63]

chen[64] und die Sicherheit enorm erhöht wird. Einfache Passwortangriffe laufen damit ins Leere.

Wichtig ist die unikale Verwendung von Administrator-Credentials. Der lokale Administrator sollte ein anderes Passwort haben als der Netzwerk-Admin. Microsoft selbst bietet ein Tool an, um in Umgebungen mit *Active-Directory* die Verwaltung von lokalen Administratoren mit zu übernehmen: Local Administrator Password Solution (LAPS)[65].

Vorsicht sollte man bei der Bestätigung von Zertifikatsfehlern walten lassen. In der Regel handelt es sich um selbst signierte Zertifikate und so wird die Vertrauenswürdigkeit bemängelt, vgl. Abbildung 6. Werden diese einfach ohne Prüfung bestätigt, macht man es Angreifern in einer *Man in the Middle*-Position relativ einfach. Da diese Warnungen bei jedem Client auftauchen, ist man schnell geneigt diese unkritisch abzunicken, ähnlich wie die Gewöhnungseffekte bei der Windows-Benutzerkontensteuerung (UAC). Auch sollten die Login-Versuche mit einem Event-Log überwacht werden, was in den Gruppenrichtlinien aktivierbar ist. Eine numerische Begrenzung von fehlerhaften Ver-

---

[64]vgl. Kasberger. FIDO2, WebAuthn und CTAP, Hausarbeit zu M103 [2019]
[65]vgl. *Microsoft. Local Administrator Password Solution (LAPS) - Download*
  <https://www.microsoft.com/en-us/download/details.aspx?id=46899>
  [abgerufen: 5. Juli 2020]
[66]Bildnachweis: [Sch20b]

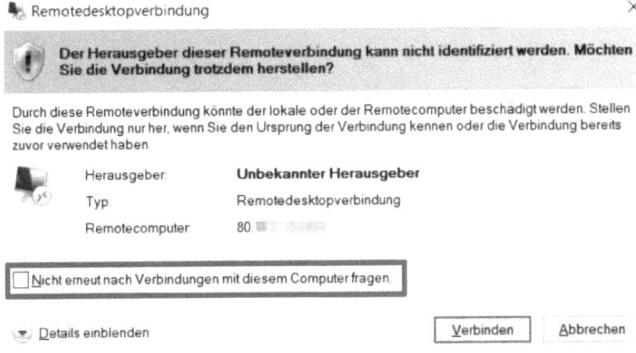

Abbildung 6: Vertrauenswürdigkeit unbekannter Zertifikate[66]

bindungsversuchen und anschließendes *Blacklisting* stellt im Normalbetrieb keine Einschränkung für den Nutzer dar (Event-ID 4625 mit Logon-Type 10).

Die vorgenannten Maßnahmen sind ohne Kostenaufwand implementierbar, bedürfen aber eines Gesamtkonzepts. Die Aufzählung ist nicht abschließend.

Auf einen der wichtigsten Punkte sei aber hier am Ende noch verwiesen: Die Nutzung von NLA wird dringend angeraten (vgl. Abschnitt 1.6.2), um die Authentifizierung von RDP abzuschotten. Die Wichtigkeit wird unterstrichen durch die ausführliche Dokumentation und Anleitung zur Einrichtung von NLA[67].

1.8 Angriffsmöglichkeiten

Einer der typischen Angriffsvektoren außerhalb von trivialem *Brute Force* auf Credentials (vgl. Abschnitt 1.7.2) ist die Fehladministration der RDP-Server, bei der aus Kompatibilitätsgründen bereits als unsicher eingestufte Verfahren im Bereich *Standard RDP Security* (vgl. Abschnitt 1.6.1) trotz allgemeiner Warnungen aktiviert bleiben. Das Protokoll sieht vor, dass die Krypto-Konfiguration von Client und Server ausgehandelt werden[68] (siehe auch Abbildung 7).

Ein möglicher Angreifer wählt daher ein vulnerables Verfahren und provoziert so eine niedrigere Sicherheitsstufe als technisch möglich wäre.

In der Praxis können mithilfe von *Nmap* RDP-Server gefunden und identifiziert werden,

---

[67]vgl. *Microsoft Docs. Configure Network Level Authentication for Remote Desktop Services Connections*
<https://docs.microsoft.com/en-us/previous-versions/windows/it-pro/windows-server-2008-R2-and-2008/cc732713(v=ws.11)> [abgerufen: 5. Juli 2020]
[68]vgl. [Mic20] [5.3.2 Negotiating the Cryptographic Configuration]
[69]Bildnachweis: [Mic20] [S. 397 Fig. 8]

Abbildung 7: Aushandeln der Verschlüsselungsmethode von Client/Server[69]

ein vom Standard abweichender Port ist eher ungewöhnlich und wäre für den Scan grundsätzlich unproblematisch. Die Abfrage der akzeptierten Sicherheitsverfahren kann ebenfalls direkt auf der Kommandozeile mit *Nmap* erfolgen, da man mit dem *Nmap Scripting Environment* (NSE) auch Service-Details erfährt (rdp-enum-encryption[70]).

```
nmap -P0 -p 3389 --script rdp-enum-encryption 192.168.6.16
...
| rdp-enum-encryption:
|   Security layer
|     CredSSP (NLA): SUCCESS
|     CredSSP with Early User Auth: SUCCESS
|_    RDSTLS: SUCCESS
```

Abbildung 8: Nmap-Scan RDP mit sicherer Enhanced RDP Security[71]

Bei einem System, das ausschließlich Enhanced RDP mit limitierten Verfahren forciert und somit unsicherere Krypto-Algorithmen außen vor bleiben, ist das Ergebnis des *Nmap-Scans* kompakt (vgl. Abbildung 8). Die Parameter zum Aufruf des Tools beschränken sich auf Port, Skriptnutzung und einen Scan ohne ICMP-Ping[72]. In der freien Wildbahn findet man jedoch eher Server, die wie bereits angesprochen aus Erwägungen zur Kompatibilität viele oder alle Sicherheitsvarianten zulassen und so einem forcierten Downgrading 'Tür und Tor' öffnen (vgl. Abbildung 9).

1.8.1 Weitere Angriffstools

Um gefundene Server auszutesten, bieten sich Clients an, die problemlos ein Security-Downgrading erlauben und so einen ersten Eindruck vom Service bieten. Geeignet ist hierfür bspw. das Projekt *FreeRDP*, das auch aktuell noch gut gepflegt wird[75].

---

[70]vgl. *nmap.org. rdp-enum-encryption*
    <https://nmap.org/nsedoc/scripts/rdp-enum-encryption.html> [abgerufen: 5. Juli 2020]
[71]Bildnachweis: [Sch20b]
[72]ICMP: Internet Comtrol Message Protocol
[73]Bildnachweis: [Sch20b]
[74]Bildnachweis:<https://github.com/SySS-Research/Seth> [abgerufen: 5. Juli 2020]
[75]vgl. *github: FreeRDP*
    <https://github.com/FreeRDP/FreeRDP> [abgerufen: 5. Juli 2020]

```
|   Security layer
|     CredSSP (NLA): SUCCESS
|     CredSSP with Early User Auth: SUCCESS
|     Native RDP: SUCCESS
|     RDSTLS: SUCCESS
|     SSL: SUCCESS
|   RDP Encryption level: High
|     40-bit RC4: SUCCESS
|     56-bit RC4: SUCCESS
|     128-bit RC4: SUCCESS
|     FIPS 140-1: SUCCESS
|_  RDP Protocol Version:  RDP 5.x, 6.x, 7.x, or 8.x server
```

Abbildung 9: Nmap-Scan RDP im 'Kompatibilitätsmodus'[73]

Abbildung 10: Credential-Sniffing mit SETH[74]

Das Python/Shell-Projekt *SETH* der Tübinger Sicherheitsfirma SySS GmbH zielt auf das Security-Downgrading und erlaubt es so die Credentials aus einer durch *ARP-Spoofing* erlangten *Man in the Middle* Position heraus abzufangen[76] was sich auch sehr nutzerfreundlich gestaltet (vgl. Abbildung 10).

Von der Hacking-Gruppe *THC* stammt das Projekt *Hydra*[77]. Ein schlanker Einzeiler auf der Console mit nur drei Parametern resultiert in der Ausgabe der entsprechenden RDP-Credentials.

---

[76]vgl. *github.org SETH*
  <https://github.com/SySS-Research/Seth> [abgerufen: 5. Juli 2020]
[77]vgl. *github.org Hydra*
  <https://github.com/vanhauser-thc/thc-hydra> [abgerufen: 5. Juli 2020]

2 Praktischer Teil: RDP-Replay

Die Erprobung eines RDP-Replays findet unter Laborbedingungen stat. Alle Parameter hinsichtlich der Sicherheitseinstellungen und des Versuchsaufbaus sind auf das Minimum abgesenkt worden, da gerade moderne Security-Verfahren außerhalb von *CVE* noch nicht öffentlich erfolgreich angegriffen wurden und so grundsätzlich als sicher gelten.

2.1 Test-Setup

2.1.1 Hardware

Durchgeführt wurden die Versuche auf einem Laptop Lenovo ThinkPad X1 Extreme 2. Gen. mit Prozessor Intel(R) Core(TM) i7-9750H CPU @ 2.60GHz, 2592 MHz, 6 Kerne, 12 logische Prozessoren, 32 GB RAM und 2x 1 TB SSD.

2.1.2 Software und Tools

Als Host-Betriebssystem ist Microsoft Windows 10 x64 in der Version 10.0.19041 Build 19041 (v2004) verwendet worden. Dieses diente auch als RDP-Client mit dem Programm Remotedesktopverbindung `%windir%\system32\mstsc.exe` für grundlegende Erprobung. Zur späteren Initiierung der Sessions diente der RDP-Client *wFreeRDP* in der aktuellen Master-Stable Version 1.1[78], da u.a. die Security-Negotiation per Kommandozeilen-Parameter relativ einfach beeinflusst werden kann.

Die Aufzeichnung erfolgte mit der aktuellen Version von *Wireshark* 3.25 stable für Windows 64-bit an der in Abschnitt 2.1.3 beschriebenen Schnittstelle.

Alle nachfolgend genannten OS sind als virtuelle Maschine unter dem angegebenen Host mit VMware® Workstation 15 Pro - 15.5.6 build-16341506 verwendet worden:

Das Replay-Tool entstammt dem in der Aufgabenstellung bezeichneten github gehostetem Projekt *https://github.com/ctxis/RDP-Replay*, der dort als Source-Code vorliegt. Für die Kompilierung sind die im *Readme* empfohlenen Libraries und Abhängigkeiten installiert worden[79]. Ein *make* in einem aktuellen Linux wie dem verwendeten Kali-Linux aus 2019 schlägt allerdings fehl. Während die u.a. Abhängigkeiten ab *libgstreamer0.10-dev* in einer Version vorliegen, die auch SSL1.0 unterstützt, sind auf

---

[78]vgl. *cloudbase.it. FreeRDP for Windows – Nightly builds*
<https://cloudbase.it/freerdp-for-windows-nightly-builds/> [abgerufen: 5. Juli 2020]

[79]build-essential git-core cmake libssl-dev libx11-dev libxext-dev libxinerama-dev libxcursor-dev libxdamage-dev libxv-dev libxkbfile-dev libasound2-dev libcups2-dev libxml2 libxml2-dev libxrandr-dev libgstreamer0.10-dev libgstreamer-plugins-base0.10-dev libavutil-dev libavcodec-dev libavformat-dev libpcap-dev libreadline-dev

aktuellen Linux-Systemen die 1.0er Versionen der angegebenen Pakete enthalten, die
ab SSL1.1 einsetzbar sind. Diese Versionskonflikte führen zu einem Abbruch der Kompilierung mit *make*.
Abhilfe brachte eine Programmerstellung auf *Ubuntu Version 14.04*, welche im Zeit-
punkt der Projekt-Veröffentlichung aktuell war und auf die in der Projektbeschreibung
hingewiesen wurde. Daher wurde auf eine Fehlerbeseitigung durch Anpassung der Pa-
ketquellen oder des Source-Codes verzichtet.

Das o.g. Ubuntu-System wurde auch für die Aufbereitung der Wireshark-Mitschnitte
verwendet und die notwendigen Daten mittels Drag&Drop der VM-Ware 'Guest Ad-
ditions' zwischen den Systemen ausgetauscht.

Zunächst wurde als Remote-Desktop-Server Microsoft Windows 10 x64 in der Version
10.0.19041 Build 19041 (v2004) getestet. Da allerdings Probleme bei der Extraktion[80]
von SSL-Keys mit *Mimikatz* aufgetreten sind[81], wurde eine virtuelle Maschine mit Windows 7 x64 Service Pack 1 aufgesetzt und als RDP-Server konfiguriert.

Zur Erprobung der Schlüsselextraktion von SSL-Keys wurde die aktuelle Windows-
Binary 2.2.0 20200519 Windows 10 2004 (build 19041) von *Mimikatz*[82] eingesetzt. Da
die RDP-Keys für die Encryption anders gespeichert werden als die SSL-Keys, bietet
sich das Extraction-Tool des RDP-Replay Projekts *extractrdpkeys64.exe*[83] an.

2.1.3 Netzwerk

Aus Vereinfachungsgründen sind alle Operationen lokal zwischen Host und Gast Betriebssystem in der VM verlaufen, die virtuelle Betzwerk-Umgebung in VMware®
Workstation 15 Pro wurden im Modus NAT[84] konfiguriert. Verwendet wurde das virtuelle Device *VMnet8*.

2.1.4 Remote-Desktop Konfiguration

Unter Windows 10 findet man die Einstellungen zu den RDP-Desktopdiensten und
der Host-Konfiguration im Bereich *Entwickler* > *Systemeigenschaften* > *remote*. Aktivieren kann man den RDP-Host mit dem entsprechenden *Radio-Button*. Für den
Versuchsaufbau ist es wichtig, dass die Checkbox betreffend NLA eben nicht aktiviert

---

[80]vgl. Abschnitt 2.4
[81]Fehler bei Patch crypto::cng
[82]vgl. *github gentilkiwi*. *https://github.com/gentilkiwi/mimikatz/releases*
   <https://github.com/gentilkiwi/mimikatz/releases/> [abgerufen: 3. Juli 2020]
[83]vgl. *contextis*. *RDP-Replay: extractrdpkeys*
   <https://github.com/ctxis/RDP-Replay/tree/master/extractrdpkeys/bin>
   [abgerufen: 3. Juli 2020]
[84]Network Adress Translation

ist (vgl. Abschnitt 1.7.2, siehe auch Abbildung 11).

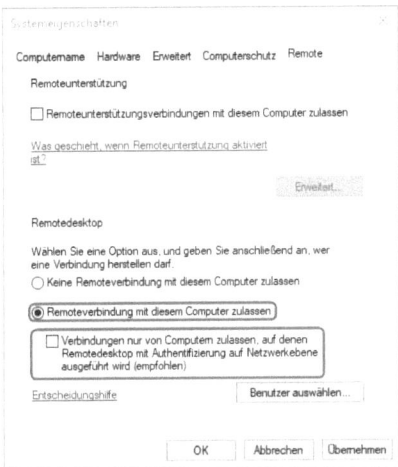

Abbildung 11: Aktivierung Remote-Desktop Host

Um Standard RDP-Security (vgl. Abschnitt 1.6.1) zu provozieren, kann man eine niedrige Verschlüsselungsstufe in den Gruppenrichtlinien erzwingen, alternativ 'Client kompatibel', sofern der Client Abwärtskompatibilität mit einem niedrigen Niveau anfordern kann. Zu finden ist der Eintrag in der gpedit.msc unter *Computerkonfiguration > Administrative Vorlagen > Windows-Komponenten > Remotedesktopdienste > Remotedesktopsitzungs-Host > Sicherheit* (vgl. Abbildung 12).

2.2 Wireshark Netzwerkmitschnitt

Aufgezeichnet wurde der gesamte Verkehr auf der genutzten Netzwerkschnittstelle *VM-Net8* (vgl. Abschnitt 2.1.3). Und danach als .pcap Datei exportiert. Die Auswertung erfolgte im entsprechenden Parser *RDP-replay* (vgl. Abschnitt 2.5). Zu Analysezwecken in Wireshark ist der Filter *'ip.adress eq 192.168.241.131 && tcp.port eq 3389'* aktiviert worden.

Wichtig ist bei Betrachung der Frames in Wireshark der dargestellte Destination-Port, denn ohne diese Information kann der Parser nicht den richtigen Stream aus der .pcap herausfiltern (siehe Abbildung 13).
Als Protokoll wird TCP ausgewiesen. Dies lässt auf eine RC4-Verschlüsselung schließen, also Standard RDP-Security, die im Erbrobungs-Szenario bewusst forciert wurde.

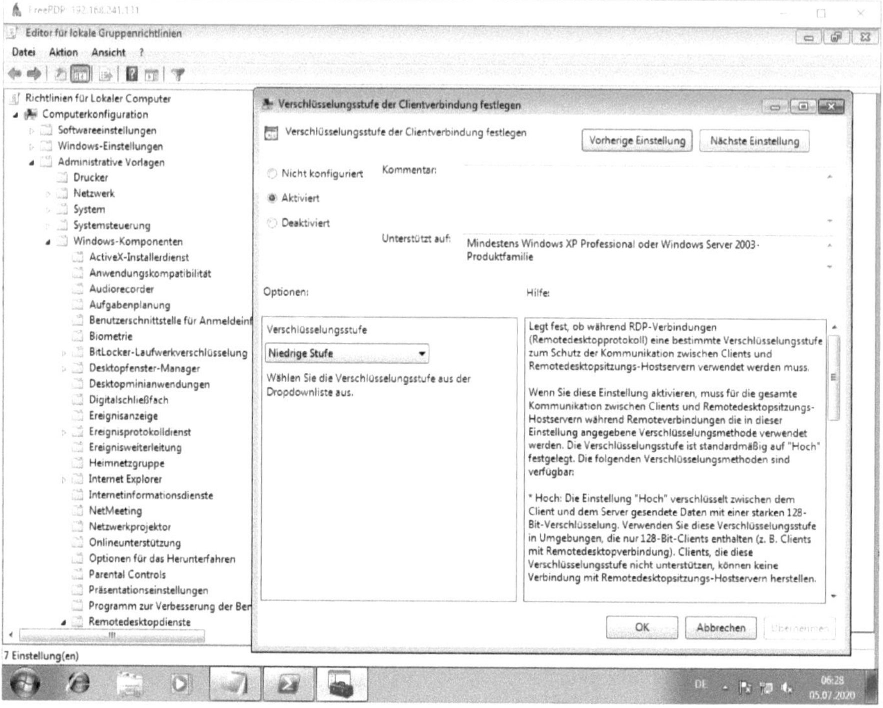

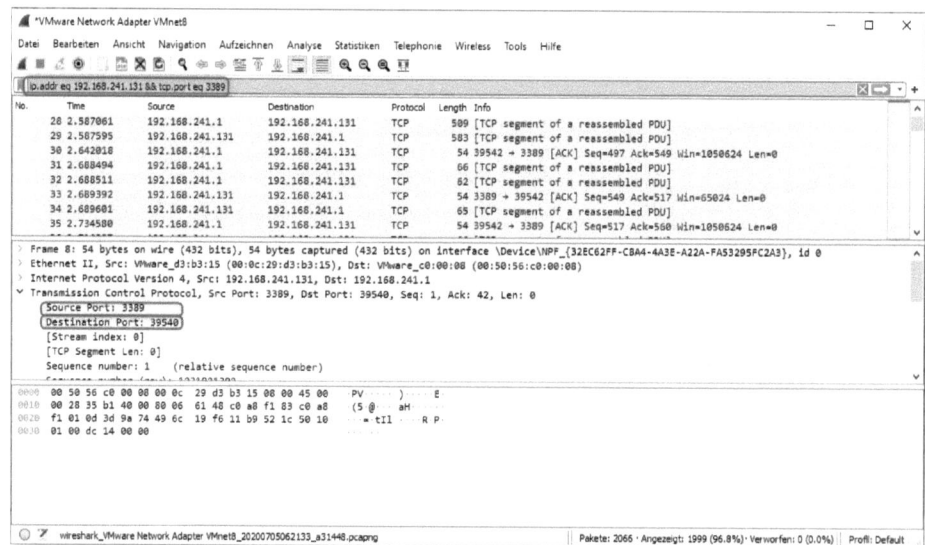

Abbildung 12: Gruppenrichtlinieneditor: RDP-Verschlüsselung

Abbildung 13: Wireshark Mitschnitt RDP-Stream

2.2.1 Man-in-the-Middle

Grundsätzlich würde ein Angriff über RDP nicht lokal stattfinden, sondern durch Aufzeichnung der Netzwerkaktivitäten außerhalb der verwendeten Client-/Server Archi-
tektur. Die erprobte Methode funktioniert unabhängig vom Aufzeichnungsort, sofern
die TCP-Pakete abgefangen werden können. Es bieten sich daher auch *Port-Mirroring*
oder *Man-in-the-Middle* Konstellationen an. Die gegenständliche Methode erfordert
allerdings auch die Verschlüsselungs-Keys, deren Gewinnung ohne Weiteres nur mit
Admin-Rechten auf dem Remotedesktop-Host möglich ist.

2.3 Verbindungsaufbau

Nach Einrichtung des Remotedesktopdienste-Hosts wird der Client gestaret. Da *wFreeRDP* als Windows-Programm viele Einstellungsmöglichkeiten auf der Kommandozeile
bietet, ist dieser besonders für den Versuch geeignet. Eine Ausnutzung der Kompati-
bilitätseinstellungen des Hosts durch 'Downgrading' der ausgehandelten Sicherheits-
merkmale wird durch die Parameter *+nego* ('Negotiation' aktivieren) und *+sec-rdp*
(RDP-Verschlüsselung) provoziert.

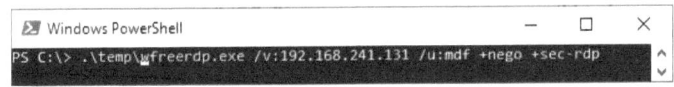

Abbildung 14: Aufruf wFreeRDP mit Parametern

Der Client läuft nach erfolgreicher Verbindungsaufnahme ohne Parameter *-f* (=Full-
screen) standardmäßig im Fenstermodus (vgl. Abbildung 15). Nach dem Login über
die RDP-Oberfläche wird ein eventuell bereits (lokal) angemeldeter Nutzer getrennt.
Neben dem Usernamen kann man auch das Passwort als Parameter übergeben. Dies
stellt aber ein Sicherheitsrisiko dar, da in den Terminals eine Historie und damit das
Passwort aufgezeichnet würde[85].

2.4 Verschlüsselung und Key-Extraction

Es gibt zwei Verschlüsselungsalgorithmen, die für den Daten-Stream verwendet werden:
RC4 und SSL.

2.4.1 SSL

Die Extraktion der SSL-Private keys gestaltet sich aufwändig und ist nicht immer erfolgreich. Die Extraktion lässt sich mit *Mimikatz* realisieren.

---

[85]vgl. *Winpro. Get-History: PowerShell-Befehle wiederholen auf der Kommandozeile*
    <https://www.windowspro.de/script/get-history-powershell-befehle-wiederholen-auf-
    kommandozeile> [abgerufen: 5. Juli 2020]

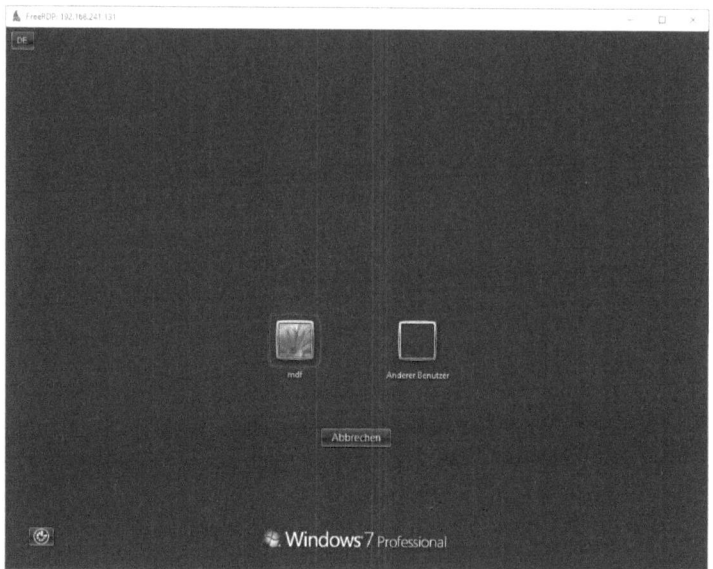

Abbildung 15: wFreeRDP: Remote Login Windows 7

Unter Windows 10 gestaltet sich bereits der Einsatz von *Mimikatz* problematisch, da der Windows Defender trotz Eingriffen in die Registry und Deaktiverung über die Systemeinstellungen möglicherweise trotzdem einzelne Patches von *Mimikatz* beeinträchtigt haben könnte.

Der Aufruf der folgenden Befehle auf der *Mimikatz* Konsole führte zu einer Fehlermeldung beim letzten Befehl und war daher erfolglos.

```
privilege::debug
crypto::capi
crypto::cng
```

Die Patchbefehle sind bei der neuen *Mimikatz*-Version abweichend zu denen, die in der Dokumentation des *RDP-Replay* Tools verwendet wurden [86].

Unter dem ausgiebig getesteten Windows 7 Host-System waren die Patches *capi* und *cng* erfolgreich, Keys konnten trotzdem nicht exportiert werden, da die Key-Storages leer waren.

Im Falle der erfolgreichen Extraktion erhielte man eine .pfx Datei, aus der man mittels

---

[86]vgl. [Eli14] [SSL KEY EXTRACTION]

OpenSSL[87] den privaten Schlüssel als .pem gewinnen könnte.

2.4.2 RDP RC4

Es bedarf weiterer Vorbereitungen bzw. ein extra Tool für RDP-RC4 Schlüssel, da die Keys seit Windows Vista über die *DPAPI*[88] erreichbar sind. Das Projekt *RDP-Replay* liefert gleich die *Binary* für die Extraktion der RC4-Keys gleich mit. Die ausführbare ExctractRdpKeys64.exe muss mit Systemrechten gestartet werden. Dies lässt sich mit PsExec.exe der Sysinternals-Suite von Microsoft[89] realisieren (vgl. Abbildung 16).

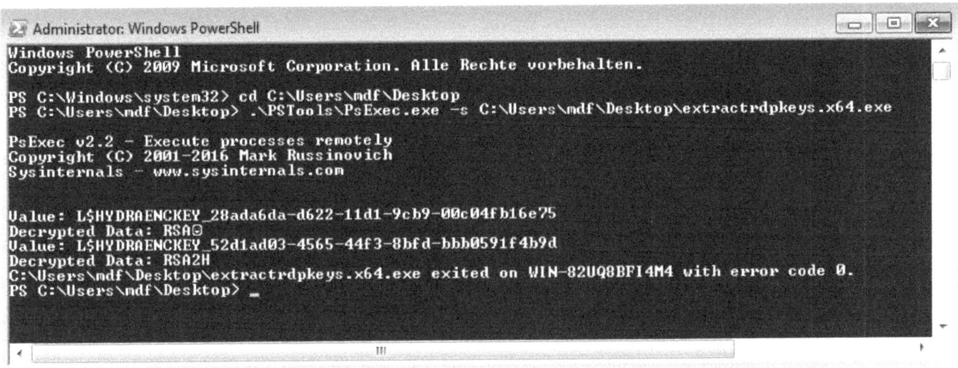

Abbildung 16: Extraktion RC4-Keys per DPAPI mit ExtractRdpKey.exe

Man erhält sowohl den 'alten' 512-bit Schlüssel aus der Local Security Authority (LSA) als auch den notwendigen aktuellen 2048-bit Key, zu finden im system32 Verzeichnis (vgl. Abbildung 17).

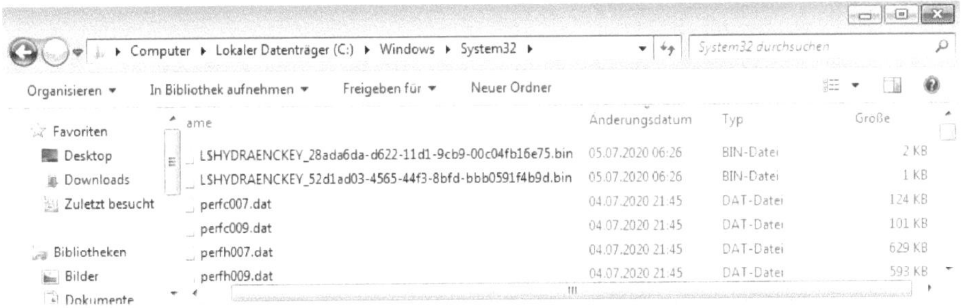

Abbildung 17: Speicherort RC4-Keys nach Extraktion

---

[87]https://www.openssl.org/
[88]DPAPI: Data Protection Applicaion Programmers Interface
[89]vgl. *Microsoft Docs. Sysinternals. PsExec v2.2*
    <https://docs.microsoft.com/en-us/sysinternals/downloads/psexec> [abgerufen: 5. Juli 2020]

2.5 Parser

Der Parser benötigt die aufgezeichneten Wireshark Mitschnitte, die als .pcap vorliegen sollten. Idealerweise sind Handshakes und Initialisierung dabei. Zudem ist der private RC4-Key (vgl. Abschnitt 2.4.2) als Datei mit als Parameter zu übergeben (vgl. Abbildung 18). Ohne den Destination-Port (vgl. Abbildung 13) kann der Parser nicht den richtigen Stream zuordnen und beendet das Parsing ohne Fehlermeldung und auch ohne Ergebnis, dieser wird mit Parameter (hier: -t 39452) übergeben.

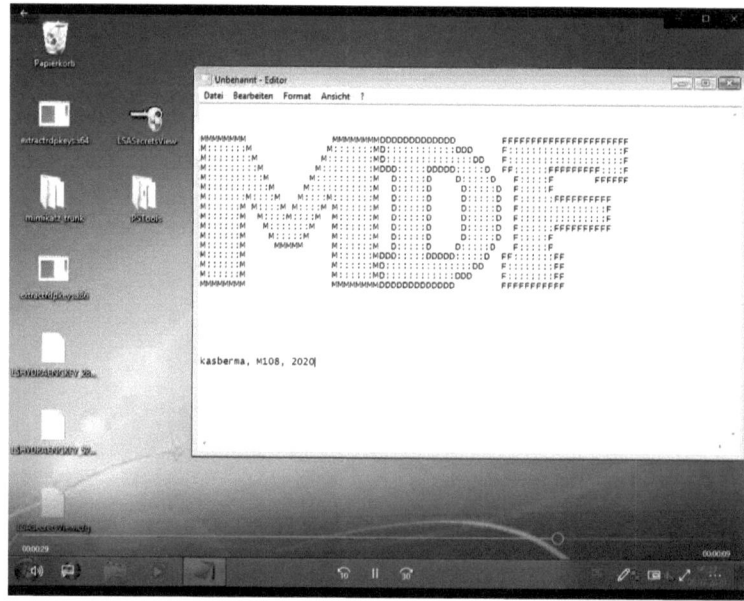

Abbildung 18: Aufruf Parser unter Ubuntu Linux 14.04

2.6 Ergebnis des Versuchs

Bei richtigen Keys startet das RDP-Replay als Fenster und kann optional mit Parameter -o dateiname.avi als Audio Video Interleave (AVI) Datei gespeichert werden. Das Replay kann mit entsprechendem Parameter auch mit Sound gestartet und auch mit einem Geschwindigkeitsfaktor wiedergegeben werden. Dies kann sowohl im Parser als auch im Video-Wiedergabeprogramm (vgl. Abbildung 19) angegeben werden.

Abbildung 19: RDP-Replay als Videowiedergabe

2.7 Fazit

RDP-Replay funktioniert unter Laborbedingungen. Sofern die mittlerweile überholten Verschlüsselungsverfahren erzwungen werden, ist ein Replay aus den Netzwerk-Mitschnitten technisch relativ einfach zu bewerkstelligen. Bei diesem einfachen Proof-of-Concept ist ein Zugriff auf den Host mit erhöhten Rechten notwendig, um die privaten Schlüssel auslesen zu können.

Da mittlerweile aber sukzessive über die Jahre neue Security-Verfahren und ausgefeiltere Maßnahmen implementiert wurden, sind in der freien Wildbahn diejenigen Systeme mit dem Verfahren angreifbar, wo veraltete Verfahren aus Gründen der Kompatibilität oder Unkenntnis zugelassen werden. Natürlich müssen auch aktuelle Patches zeitnah eingespielt werden, da Sicherheitslücken nach Bekanntwerden schnell und auch kriminell ausgenutzt werden. Schwer wiegt auch das allgemeine IT-Sicherheitsproblem mit unsicheren Credentials, die durch Ausprobieren schnell auch 'Script-Kiddies' zum Erfolg verhelfen. Dies lässt sich allerdings auch mit modernsten technischen Sicherheitsimplementierungen nicht beheben.

Literaturverzeichnis

[Eli14]   ELIOTT, Steve: Accenture. Context Information Security: RDP Re-
           play.   (2014).   https://www.contextis.com/en/blog/rdp-replay/
           [abgerufen: 04.07.2020]

[Mic20]   MICROSOFT: *[MS-RDPBCGR]: Remote Desktop Protocol: Ba-
           sic Connectivity and Graphics Remoting.*   Version: 2020.   https:
           //docs.microsoft.com/en-us/openspecs/windows_protocols/ms-
           rdpbcgr/ [abgerufen: 28.06.2020]

[MSDI19]   MAGAÑA, Eduardo ; SESMA, Iris ; DANIEL, Morató ; IZAL, Mikel: Re-
           mote access protocols for Desktop-as-a-Service solutions, PLoS ONE 14(1):
           e0207512. In: *PLoS ONE* (2019)

[RS19]   RIEGER, Dr. M. ; SCHLICHTENBERGER, David: *Einführung in die Informa-
           tik.* 06 2019

[Sch20a]   SCHMIDT, Jürgen: Remote Desktop via RDP: Liebstes Kind der
           Cybercrime-Szene.   In: *heise security* (2020).   https://www.heise.de/
           hintergrund/Remote-Desktop-RDP-Liebstes-Kind-der-Cybercrime-
           Szene-1-4-4700048.html [abgerufen: 01.07.2020]

[Sch20b]   SCHMIDT, Jürgen: Remote Desktop via RDP: Testen und angreifen. In: *heise
           security* (2020). https://www.heise.de/hintergrund/Remote-Desktop-
           via-RDP-Testen-und-angreifen-3-4-4702968.html [abgerufen: 01.
           07.2020]

BEI GRIN MACHT SICH IHR WISSEN BEZAHLT

- Wir veröffentlichen Ihre Hausarbeit,
  Bachelor- und Masterarbeit

- Ihr eigenes eBook und Buch -
  weltweit in allen wichtigen Shops

- Verdienen Sie an jedem Verkauf

Jetzt bei www.GRIN.com hochladen
und kostenlos publizieren